AF003577

Michael Groißmeiers neue Gedichte kreisen um die »Suche nach Avalun«, jener sagenhaften »Insel der Seligen«, im weiteren Sinne um das »Namenlose«, das zu benennen auch noch den alternden Dichter in Atem hält, doch auch die Angst, hierfür könne ihm nicht mehr genügend Zeit verbleiben, Charon ihn vor der Zeit in seinem Kahn an das Ufer »jenseits des Styx« rudern. Immer häufiger schiebt sich in die Vorstellung des Dichters das nahende Ende, das »bittere Sterben«, das ihm, wie er hofft, der »bis zuletzt durchlittne Reim« »versüßen« werde, so wie ihm die Sterne die Fahrt in Charons Kahn »süßen werden wie Zibeben«.

MICHAEL GROISSMEIER, geboren 1935 in München, lebt als Lyriker und Erzähler in Dachau. Für sein literarisches Werk, das mehr als vierzig Bücher umfaßt, wurde er ausgezeichnet u.a. mit einem Ehrengastaufenthalt in der Deutschen Akademie Villa Massimo, Rom, und dem Verdienstkreuz am Bande des Verdienstordens der Bundesrepublik Deutschland. Von Michael Groißmeier sind erschienen: im Allitera Verlag die Autobiographie »Der Zögling« und »Im Leuchtkäferlicht« (Haiku) sowie in der LYRIKEDITION 2000 die Gedichtbände »Mein irdisches Eden«, »Charons Blick« und »Warum genügt uns nicht die Erde?«.

Michael Groißmeier

Suche nach Avalun

Gedichte

Weitere Informationen über den Verlag und sein Programm unter:
www.allitera.de

Bibliographische Information der Deutschen Bibliothek
Die Deutsche Bibliothek verzeichnet diese Publikation in der
Deutschen Nationalbibliographie; detaillierte bibliographische Daten
sind im Internet über <http://dnb.ddb.de> abrufbar.

Februar 2006
Allitera Verlag
Ein Imprint der Buch&media GmbH, München
© 2006 Buch&media GmbH, München
Umschlaggestaltung: Kay Fretwurst, Freienbrink
Herstellung: Books on Demand GmbH, Norderstedt
Printed in Germany · ISBN 3-86520-175-X

Wo ein andrer aufgehört,
will den Vers ich weiterspinnen,
will, von seinem Vers betört,
einen neuen nun beginnen.

M.G.

Suche nach Avalun

Mit Seneca

Was flüstert Kafka mir ins Ohr:
Gib's auf, Poet, gib's auf, du Tor!

Narrt mich der Wind, der Scharlatan?
Was nimmt er Kafkas Stimme an:

Gib's auf, Poet, gib's auf, du Wicht,
nicht retten wird dich dein Gedicht!

Nun, Wind, Franz Kafka ist mir nah,
doch näher ist mir Seneca:

Halt aus, selbst wenn man dir, Poet,
die Kehle zudrückt! – Wind, valet!

Beschenkt

Des Nachtwinds Flageolett.
Spielt Paganini Geige?
Mir kritzeln ins Sonett
die Schatten kahler Zweige.

Ob sie Petrarca lenkt
wohl aus dem Ungefähren,
sie schreiben, was er denkt?
Ich fühle mich beschenkt
und lasse sie gewähren.

Im Frühlicht

Weidenblätter, Lanzenspitzen,
seh ich rings im Frühlicht blitzen,
alle gegen mich gerichtet.

Wer denn sinnt, mich zu versehren,
da ich doch in allen Ehren
stets nur leis mein Lied gedichtet?

Wollte dieses wer mir neiden,
neid er mir auch Los und Leiden
eines Dichters, eh er richtet!

Suche nach Avalun

Ich habe nicht getan, was andre tun,
hab nur mit meinen Versen wie gebannt
gesucht nach dem versunknen Avalun.

Und auch als alter Mann mag ich nicht ruhn,
eh ich nicht all das Namenlose hab benannt,
das finden läßt vielleicht mich Avalun.

Am Bodensee

Ich wandre, Wegstaub in den Schuhn,
von Meersburg bis nach Überlingen.
Wie dürste ich danach, zu ruhn,
doch auch, um einen Vers zu ringen!

Die Dorngrasmücke in der Schleh,
würd sie den Vers zu Ende singen,
gelänge es dem Bodensee,
von meinem Weg mich abzubringen?

In Antibes

Ist's Täuschung, daß mir in Antibes
das Meer die Verse rezitiert,
die ich vergaß, und die ich schrieb?

Ich stehl mir Feigen wie ein Dieb –
nach ihnen hat mein Mund gegiert
wie nach Gedichten, die mir lieb.

Fehlt nicht ein Vers? Ob ihn zerrieb
die Brandung gegen das Geviert
der Ufermauer von Antibes?

Rollt eine Welle an den Strand,
formt sie zu jenem Vers den Sand?

Die Möwe auf der Brüstung dort,
weiß sie zum Vers das letzte Wort?

Der Summton der Gestirne

Die Ackerwinde horcht, ganz Ohr, hinaus
ins Weltall, hört den Summton der Gestirne.
Dringt vor er ins gewundne Schneckenhaus,
in eines Apfels Kernhaus, einer Birne?

Bach hielt den Summton fest im Orgelpunkt.
Petrarca hat geformt ihn zu Sonetten.
Zeitlebens war ich Dichter und Adjunkt.
Kein Paragraph, der Vers nur kann mich retten,
dem Summton abgelauscht in Amtes Ketten.

GEGENWEHR

Der Apfelbaum gestützt auf Krücken.
Mir ist das Herz, ihm sind die Früchte schwer.
Doch die ihn fast zu Boden drücken,
sie wird zu lustvoll heiterem Verzehr
mit leichter Hand sich einer pflücken.

Dem Baum wird wohl, mir aber bleibt es schwer,
das Herz, und Verse, die mir glücken,
sind mir kein Trost, sind nur noch Gegenwehr.

September

Das bittre Sterben ihnen zu versüßen,
September kocht den Wespen Saft und Seim.
Mich läßt er für die Lust zu leben büßen:
Der welschen Nüsse Fall und Niederprall
nehm ich als Gleichnis für den eignen Fall.

Schon schwankt der Boden unter meinen Füßen.
Wird halten eine Hand mich insgeheim?
Was könnt das bittre Sterben mir versüßen,
wenn nicht der bis zuletzt durchlittne Reim!

FAMA

Blätter sich entrollen,
und es macht mich staunen,
daß sie Verse raunen,
die ich wähnt verschollen.

Was ein Blatt dem andern
zuraunt, Zeil um Zeile,
weht in Windeseile,
Fama, wohl bis Flandern.

IN DEN WIND GESPROCHEN

Die Worte, die ich in den Wind gesprochen,
gewispert nach von Weidenblätterzungen,
die Worte, die mir nicht zum Vers gelungen,
worüber ich im Zorn den Stift zerbrochen,
sie formen, da sie eine Blätterzunge spricht,
sich wie von selbst zu Sätzen, mühlos zum Gedicht.

Im Laubengang

Wie Jakob mit dem Engel rang
um Reime ich mein Leben lang.
Nun geh ich meinen Weg mit Bangen.

Wohin mein Überschwang?
Es hält der Laubengang
mein Löwenherz gefangen.

Mit dem Federkiel

Wo eine Schwanenfeder fiel,
nehm ich sie zärtlich in die Hand.
Gebrauchend sie als Federkiel,
schreib Vers um Vers ich in den Sand.

Kein andrer liest sie als der Wind.
Die Verse werden nicht verwehn,
die in des Winds Gedächtnis sind,
nur die im Wegsand – ich kann gehn!

Ein gnädig Licht

Der zündet an
des Himmels Lichter,
hat wohlgetan
mir altem Dichter.

Ein gnädig Licht,
das er mir spendet
zum Schlußgedicht,
eh Tod mich blendet.

AMEN

So wie's seit Anbeginn geschieht,
der Mondstier, sichelhörnig, zieht,
gespannt ins Joch, die Sternenegge.

Bald wird gesät, die Saat ist Schnee.
Krebsschere wächst ins Fleisch und Segge,
bis es verlandet wie der See.

Das Wollgras überwächst das Weh.
Schneeflocke wird zum Wollgrassamen,
zum letzten Vers, gehauchten Amen.

DICHTERS ANGST

Vor mir ein weißes Blatt Papier,
noch unberührt, ein Feld, verschneit;
es zu begehn, bin ich bereit,
voll Angst, daß ich mich drin verlier.

Ich nehm die Hände vom Gesicht
und schreib, vom harschen Weiß fast blind,
Buchstaben hin, die Stapfen sind
durchs Schneefeld – führn sie zum Gedicht?

Blick aus dem Fenster

Am Meisenknödel festgekrallt,
pickt Kerne aus dem Talg der Specht.
Vom Dunst des Wintertags umwallt,
der Tagmond hängt im Astgeflecht.

Was draußen sich vollzieht an Sein,
unscheinbar wie seit Anbeginn,
es geht in meine Augen ein
und wandelt Seele mir und Sinn:

Ich bin nicht weiser als der Specht,
und weiser ist nicht mein Gedicht
als Tagmond, Schnee und Astgeflecht,
aus denen ew'ge Weisheit spricht.

EISBLUMEN

Eisblumen, ach, wie oft behaucht,
sie wuchern mir die Augen zu,
und auch mein Atem ist verbraucht!
Die Maus nistet im leeren Schuh.

Im Herd ein angesengtes Scheit.
Aus meinem Fleisch tritt das Skelett
und legt sich nächtens mir zur Seit;
es ist mein Schlafgenoss im Bett.

Was fängt mein Fährmann, Charon, an,
wenn ihm das Eis das Ruder bricht?
Mir wird ein Vers zum leichten Kahn,
der setzt mich über ins Gedicht.

Der Stuhl

Der Stuhl, auf dem ich sitz, ein Stein.
In mich strömt seine Kühle ein.
Der Fuß wird mir schon kalt, der Arm.
Nur um das Herz ist mir noch warm.
Weh, wenn die Kälte tiefer dringt,
am Ende auch mein Herz bezwingt –
daß mir die Hand erstarrt, ich nicht
zu Ende schreib mehr mein Gedicht!

Drüben

Ob drüben einer sich erbarmt,
daß mir die Schreibhand neu erwarmt?
Auf Eden pfiffe ich, wenn nicht
ich schreiben dürfte mein Gedicht!
Wohl streich ich auch die Geige gut,
doch Dichten liegt mir halt im Blut!
Wenn drüben keiner sich erbarmt,
daß mir die Schreibhand neu erwarmt,
schreib ich zur Not im Totenland
den Vers auch mit der Knochenhand!

Der Tod als Dichter

Naht mir der Tod,
dann, hoffe ich, als Dichter,
der, hinzumähen mich,
die Sense nicht,
die scharf gewetzte, braucht,
nur sein Gedicht
mir zuhaucht aus der
Ackerwinde Trichter,
daß mir, zeigt sich der Tod
als wahrer Dichter,
das Herz schon bei der
ersten Strophe bricht.

Der Baum in mir

Grüne Äpfel

Die Äpfel grün, Augäpfeln gleich –
wie Blicke aus dem Totenreich.

Was bricht sich metamorphisch Bahn,
blickt mich ein grüner Apfel an?

Das Apfelblatt wird Augenlid –
mit seinem Finger hebt's Ovid.

Er blickt mich an mit Augen grün.
Ich sehe seinen Mund sich mühn –

nur mehr ein Lufthauch: »Tristia«.
Bin ich dem Totenreich schon nah?

PAN

Was äugt durchs Laub und starrt mich an?
Ein grünes Aug? Das Aug des Pan?
Täuscht mich ein grüner Apfel nur?

Am Apfelast ein Bienenschwarm.
Pans Bart? Trifft mich sein Atem warm?
Ein Windstoß, der durchs Laubicht fuhr?

Ein Augenlid das Apfelblatt.
Es schließt sich überm Auge nun.
Will Pan, vom Schaun ermüdet, ruhn?
Auch ich bin plötzlich schlafesmatt.

Ich leg mich unter Apfelbaum.
Mir werden meine Augen schwer
wie Äpfel. Ob ich wiederkehr
ins Wachsein, stumm verharr im Traum?

Beim Biss in einen Apfel

Mund und Zunge, sie frohlocken,
jauchzen auf beim Apfelbrocken.

Zunge, Gaumen, sie erschrecken,
da sie das verlorne Paradies
in dem Fleisch des Apfels schmecken.

Der uns aus dem Garten Eden stieß,
tröstlich, daß er uns den Apfel ließ
als Vermächtnis aus dem Paradies!

Der Walnussbaum

Als ich zu wachsen anfing und zu fragen,
warum er seufze, unser Walnußbaum,
da wußte keiner Antwort mir zu sagen,
und solche fand ich auch nicht nachts im Traum.

Ich lief zum Walnußbaum in unserm Garten,
bestürmend ihn: »Denkst an den Frühling du,
und quält auch dich, so lang auf ihn zu warten?«
Der Baum blieb stumm, still hörte er mir zu –

bis Wind aufkam, erst dann brach er sein Schweigen.
Er sprach, mir schien es, nach Altväterart,
mich streichelnd rauh mit kahlen Zweigen:

»Erscheint das Warten dir auch noch so hart,
Geduld! Was in den Knospen aufgespart,
wird sich dir bald als grüne Walnuß zeigen!«

Beim Öffnen einer Walnuss

In der Walnuß wes Gehirn,
wohlbewahrt und wohlbehütet?
Brech ich auf der Walnuß Stirn,
hab ich gegen wen gewütet,
hab ich gegen wen gefehlt,
der da denkt und grübelt, brütet,
der da wessen Schicksal hütet,
mir mein eigenes verhehlt?

LOB DEM AHORNBLATT!

Des Daseins bin ich noch nicht satt,
bestärkt mich doch darin das Blatt,
das kurz vorm Fall scheint frohgemut.

Stockt in den Adern auch das Blut,
da ich schon alt und müd und matt,
bin trotzdem ich dem Dasein gut.

Ich lobe mir das Ahornblatt,
das mich, als mir schon sank der Mut,
zu guter Letzt ermutigt hat!

Welches Reich?

Ahornblätter sinken nieder,
abgelebten Händen gleich.
Auferstehn sie wieder?
Doch in welchem Reich?

Bin ich selbst nur halb noch hüben?
Meine Hände welken, Ahornblättern gleich.
Weht es sie nach drüben?
Doch in welches Reich?

Der Baum in mir

Ich spüre seine Zweige in den Fingerspitzen.
Wenn meine Haut wie Rinde Dornen ritzen,
beginnt mit meinem Blut sein Saft zu quillen.

Ich spüre seine Wurzeln in den Zehen:
Beschwerlicher wird mir das Gehen,
und meine Gier nach Erde – nicht zu stillen!

Den Kreis ziehn enger um mein Herz die Jahresringe,
und wenn ich seufze, nicht mehr singe,
ist meine Zunge, Laubblatt, schon dem Wind zu Willen.

Das Weidenblatt

Wes Zunge hat
verwandelt sich
ins Weidenblatt?
Es ängstigt mich!

Als einzigs hängt
es noch am Zweig,
vom Wind bedrängt,
daß es nicht schweig.

Das Blattgeraun –
wes dunkles Wort?
Kann ich ihm traun?
Es lockt mich fort!

Bin alt, fast blind,
sehn mich nach Ruh.
Das Blatt im Wind,
was raunt's mir zu?

EINE LINDE

Mich an eine Linde lehnen,
nichts erhoffen, nichts ersehnen.

Meine Haut wächst in die Rinde,
und die Rinde wächst in meine Haut.

Langsam werde ich zur Linde,
und das Wehn des Laubs im Winde
gibt in meinem Innern leise Laut.

Leiser Wandel

An der Pappel Stamm gelehnt,
Rücken wie an Rücken.
Wird das Sterben, wie ersehnt,
ohne Angst mir glücken?

Pappelwipfel wissend rauscht.
Blätterzungen, weisen,
habe ich es abgelauscht:

Irgendwann im leisen
Wandel ist mein Sein vertauscht,
Lunge, Herz zu Laub gebauscht.

Ich sterbe ab im Traum, ein altersschwacher Baum

Ein dürrer Ast mein Arm,
drauf schwer ein Krähenschwarm.
Jäh unter seiner Last
bricht mir der Arm, mein Ast.

Dem Wind zum Zeitvertreib
nicht in die Luft mehr schreib
ich mit dem Fingerzweig,
was ich mir selbst verschweig.

Die Braut

Ich wandle mich im Traum
zu einem alten Baum.

In meine Rindenhaut
wer schneidet roh ein Herz –
im Liebesschmerz, im Scherz?

Herzwunde blutet Harz,
gallbitter und gallschwarz.

Der bald ich angetraut,
la mort ist's, meine Braut!

Zur blauen Stunde

ZUR BLAUEN STUNDE

Der Mund der Stille, ward er je gesehn?
Zur blauen Stunde jüngst ist es geschehn:

Zwei Falterflügel, wundersam geschwungen
– den Lippen welcher Gottheit abgerungen? –,

wenn sie sich öffneten, die Zeit blieb stehn,
und schlossen sie sich, war's wie Zeitverwehn.

Auf freiem Feld

Nein, hier ist keine Esplanade
wie in Madrid und anderswo!
Hier sitze ich auf trocknem Stroh
und lausch der Grillen Serenade.

Hier singt kein Dichter mir von Cid.
Hier sinne ich beim Sternezählen
– vergeblich ist es, sich zu quälen! –
der Rechenkunst nach des Euklid.

Hier fühle ich des Daseins Gnade,
wird mir die Stunde zum Äon.
Im Grillenzirpen, Ton für Ton,
klingt auf die Haffner-Serenade.

Im Bann der Eidechse

Eidechse blickt mich an
mit Augen aus Demant.
Solch Augen hat wohl Pan,
dem Echsenaug verwandt.

Von ihrem Blick gebannt,
starr ich die Echse an:
Ob ihrs, ob Aug des Pan,
ich wähn ihm meins verwandt.

UNTERM LATTICH

Ich liege unterm Lattichdach.
Kein fremder Laut hält mich mehr wach.

Ameisen häufen mir zur Lust
erdkühlen Sand auf meine Brust.

Nicht leichter kann ein Hügel sein.
Ich üb mich schon für später ein.

Sand

Ich sitz auf einer Garbe Stroh
und hör dem Grillenzirpen zu.
Wie ich es deut, mich macht's nicht froh.
Ich spüre Sand in meinem Schuh.

Spür meinen Fuß ich schon als Sand?
Sand bis zu Wade, Knie hinauf!
Und schon zerrieselt mir die Hand!
Ameisen häufen Sand zuhauf
in meinem Herzen bis zum Rand.

Was bleibt

Und wird Er mich zerreiben,
nur in Gedanken und wie nebenbei,
dann wird von mir nichts bleiben,
so wie nichts bleibt
von Blumen, einerlei,
ob Nachtviole, Akelei,
die mit den Fingern man zerreibt,
als kurz nur in der Luft
ein ungewisser, fast wie nie gewesner Duft.

ALTES SCHLACHTFELD

Im Wind die Ähren wogen.
Hier steht der Mohn in Glut:
Aus der Gefallnen Blut
hat er sein Rot gesogen.

Als ob es überschwappe
von Blut, das Kornfeld glüht –
ein Meer, das Blutgischt sprüht.
Der Wolkenschatten: Rappe,

geflügelt Roß, des Reiter
sich zeigt als Sensenmann.
Fängt er zu mähen an?
Treibt er die Mähre weiter?

KÖNIGSKERZEN

Die Königskerzen sind
– für wen? – schon angezündet.
Verstünde ich den Wind
und was er weise kündet!

Ich sehe tränenblind
die Königskerzen brennen.
Wird mich schon bald der Wind
bei meinem Namen nennen?

Die Königskerzen lohn.
Sie läutern mir die Seele,
wenn sie dem Leib entflohn,
wie immer sie auch fehle!

Japanische Kalligraphie

Der Pinselstrich
erinnert mich
an eines Reihers Bein,
der duckt sich in das Schilf hinein,
und was so spitz zum Himmel ragt,
es könnt ein Reiherschnabel sein.

Der Reiher steht im Mondenschein,
verharrt noch, wenn es tagt.
Seit tausend Jahren steht,
ob Regen näßt, ob Schneewind weht,
er unbeweglich wie im Bann.
Ob irgendwann
er einen Schritt wohl wagt?

Bukolisch

Gefällt's dem Hirten,
eine Flöte sich
aus einem Weidenzweig zu schnitzen,
beliebt's dem Jäger,
einen Weidenzweig
zum Pfeil zurechtzuspitzen.

Dieweil der eine
auf der Weidenflöte bläst
die Kuckucksterz,
zielt voller Tötenslust
der andre auf des Gutzgauchs
scheue, schemenhafte Brust.

BEIM RUF DES KUCKUCKS

Ein jeder Kuckucksruf verspricht
ein Lebensjahr – ich glaub es nicht,
und doch leih ich dem Gauch mein Ohr!

Ein zehnter Ruf – mir nicht genug!
Ruft er nur einmal, ist's Betrug,
behält er Lebenszeit mir vor!

Das Vogelwort

Verstünde ich das Vogelwort,
was würd's mir offenbaren?
Vielleicht, so sinn ich immerfort,
was mir wird widerfahren.

Verstünde ich das Vogelwort,
ich schwatzte mit den Staren,
vielleicht, so sinn ich immerfort,
würd ich mein Los erfahren.

ZUGVOGELZEIT

Nun ziehn sie wieder fort,
Grasmücken, Schwalben, Stare.
Gebannt an meinem Ort,
harr ich der Totenbahre.

Die Erde werd mir Hort,
der meinen Staub bewahre,
bis ihn erweckt das WORT,
daß er gen Himmel fahre.

Schwalben vor dem Abflug

Auf Telegraphendrähten Schwalben,
die Federbrust gehüllt in Alben,
zum Aufbruch sind, zum Abflug sie bereit.
Ich selbst, im Blätterfall, im falben,
was trotz ich noch dem Dasein und der Zeit!
Bald fliegen sie, Seraphenschwärme,
indessen ich mich irdisch härme,
und nähern zwitschernd sich der Ewigkeit.
Ich selbst, wann bin zum Aufbruch ich bereit?

Im Schneefall

Vor der Zeit mich einzusargen,
rieselt nieder auf mich Schnee.
Will es einer mir verargen,
daß ich meinen Weg noch geh?

Will mich einer drob beneiden,
daß ich froh des Daseins bin?
Lachend nehm ich Last und Leiden
für das bißchen Leben hin!

SCHNEEFALL

Versank im Feuersturm das Paradies?
Vom Himmel fällt in grauen Flocken Asche.
Die Erde wird zum eisigen Verlies,
in dem das Herz gefriert, mir in der Tasche
die Hand, im Mund die Zunge, Wein und Brot.

Die Asche Edens häuft sich auf den Hecken,
verdeckt die Sonne und das Abendrot,
in dessen Glut das Paradies verloht.
Würd kein Posaunenschall uns auferwecken,
würd uns das Leben, würd der Tod zum Schrecken!

Charons Nachen

Fratres

Ich ziehe auf dem Haveleis
mit meinen Schlittschuhn einen Kreis.
Er starrt mich wie ein Auge an.
Zog Georg Heym hier seine Bahn?

Ich scheue seine Augen nicht,
ist er doch Bruder im Gedicht!
Ich werde, brech im Eis ich ein,
ihm Bruder im Ertrinken sein.

Schwimmen im Ammersee

Zu fern der See Genezareth,
doch schwimm ich gern im Ammersee.
Ob mir der Herr zur Seite steht
wie Petrus, wenn ich untergeh?

Doch wenn der Herr kein Wunder tut,
die Hand mir nicht entgegenstreckt,
auf Wellen wandelnd unbeschuht,
ob er mich wenigstens erweckt,
lieg auf dem Grund ich, schlammbedeckt?

Unbescheidener Wunsch

Und wenn ich schon hinüber muß,
der Jordan nicht, mein Heimatfluß,
die Amper, sei's, mir wohlvertraut!

Ans andre Ufer würd ich ohne Bangen
und leichtern Herzens wohl gelangen –
und ohne daß der Herr die Fluten staut!

Hol über, Charon!

Ich steh am Fluß, ein ungeduld'ger Rufer,
daß Charon rudre mich ans andre Ufer.
Dort säß ich wohlig unter Edens Weiden,
des Erdendaseins ledig, seiner Leiden,
und lauschte atemlos der ew'gen Stille
– dem Wind gebietet dort ein großer Wille –
und sänn der ird'schen nach diesseits des Styx,
die mir schon Ahnung war des künft'gen Glücks.

Die Weide

An der ich mit dem Rücken lehne,
die Weide spürt es, wenn ich leide.
Was ich in Eden mir ersehne:
so fühlsam sei auch dort die Weide!

Gibt's aber keine solche drüben,
so rudre Charon mich zurück:
Ich lehn mich an die Weide hüben
und nehm das Leid fortan für Glück.

Noch zu schwer

Für Charons Nachen schein ich noch zu schwer,
bestieg' ich ihn, gewiß versänke er.
Erst wenn ich wie ein Weidenblatt so leicht,
das auf der Wasseroberfläche schwimmt,
hab ich die Schwerelosigkeit erreicht,
da Charon mich in seinen Nachen nimmt.

DAS PFAUENAUGE

Das Pfauenauge blickt mich an,
als wisse es um mein Geschick:
Schon gleitet näher Charons Kahn.
Bald landet er im Uferschlick.

Das Pfauenaug – wem untertan
und eingeweiht in wessen Plan? –
verrät ihn mir mit seinem Blick:
den Ruderschlag, mir ins Genick.

Die Sonnenuhr

Nur heitre Stunden zeigt sie an.
Wird heiter auch die letzte sein?
Mir scheint, es weiß der Löwenzahn,
wie's kommt, Eidechse auf dem Stein.

Der Schatten folgt der Sonne Bahn,
und was er anzeigt, Zeit, ist Schein.
Stieß Charon ab schon seinen Kahn?
Bald kerbt er sich ins Ufer ein.

Der Wind zerbläst den Löwenzahn.
Eidechs verraschelt unterm Stein.
Wen lädt sich Charon in den Kahn?
Ich stieg' unheitren Herzens ein!

Spät in der Zeit

Zirruswolken schweben –
wie nach einer Schur.
Zeit mißt meinem Leben
zu die Sonnenuhr,

Zeit, nur knapp bemessen.
Hält der Zeiger an,
steig ich, selbstvergessen,
ein in Charons Kahn.

Ruder, schwer zu heben,
in den Riemen knarrt.
Sterne wie Zibeben
süßen mir die Fahrt.

Die Zeit

Wohin sie fließt, die Zeit,
wer wüßte es zu sagen!
Ich laß von ihr mich weit
ins Ungewisse tragen.

Wird sie in Avalun,
der Sel'gen Insel, münden?
Bei ihnen will ich ruhn,
mit ihnen mich verbünden!

Dort endigt sie, die Zeit,
und wird nicht mehr gemessen.
Dort herrscht die Ewigkeit,
ein seliges Vergessen.

LÖWENZAHN

Im Juniwind zerstäuben
Gedächtnis mir und Löwenzahn.
Wie könnte ich mich sträuben,
zu steigen ein in Charons Kahn,
da ich mich fühl erlahmen,
rührt mich am Arm der Fährmann an!
Inwendig keimt mir Samen
von Agnosie und Löwenzahn.

Lob auf Avalon

Der alten Erde sprech ich Hohn,
doch lobe ich mir Avalon.
Des Lebens ledig, seiner Pein,
und ledig aller Gottheit Plage,
wünsch ich nur eines: selig sein
auf jener Insel sonder Klage.

Sehnsucht nach Atlantis

Ich bin der mitleidlosen Erde satt.
Auch vor der Ewigkeit bin ich erschrocken.
Ich sehne mich nach der versunknen Stadt,
Atlantis, die mich lockt mit ihren Glocken.

Ach, ruhn tief unten auf dem Grund, nicht mehr
von Sterblichkeit, Unsterblichkeit gepeinigt!
Unendlich strömt durch meine Brust das Meer,
das mich von allem Erdenunrat reinigt.

Sterbenslust

GROSSER BETRUG

Den blauen Faltern
ist der Sommer genug.
Mir erscheint das Altern
wie ein großer Betrug.

Hauch sein und schweben,
das ist den Faltern viel.
Doch meinem Leben
erhoff ich höheres Ziel!

Ich will nicht verwelken
wie kurzlebiges Laub,
nicht dorren wie Nelken,
zerstäuben zu Staub!

Das sterbliche Laub der Weiden
mag verwehn mit der sterblichen Zeit,
meine Freuden und Leiden
sind gut für die Ewigkeit!

Im August

Das eine Handvoll Staub nur war,
der Haubenlerche Flügelpaar,
es trägt empor die Federbrust.

Da steh ich, Staub, den Staub gebar,
erhobnen Auges, tränenklar,
und lausch der Lerche Sangeslust.

Warum wuchs mir kein Flügelpaar?
Ich böte meine Brust dem Aar!
Er stillte mir die Sterbenslust!

STERBENSLUST

Mir wandelt sich die Gladiole
zum Schwert, gerichtet gegen meine Brust.
O daß doch wer zum Hieb aushole
und stille meine Sterbenslust!

Das Schwert mir selbst ins Herz zu stoßen,
das aber ging' mir gegen meine Ehr!
Ein andrer führ den schonungslosen,
den Todesstoß, nach dem ich mich verzehr!

Zuletzt

Seine Mitte hat Oktober
überschritten,
und auch ich, ich hab mein Leben
fast durchlitten.

In den Wunden gärt das Blut
zu mildem Wein
und ins Fleisch kehrt Ruhe schon
des Rebstocks ein.

Alles Hoffen, Bangen,
Um-Verschonung-Bitten
wird zuletzt im Duft
vergorner Trauben sein.

In einer Winternacht

Mir ward die Schläfe nebelgrau,
die Stimme harsch wie Schnee,
wie Rabenkrächzen rauh,
und bald ist auch mein Mund vereist.
Doch quillt inwendig noch ein Quell,
der meine alten Augen speist.

Ich mein zu hören meine Stimme jung und hell,
wie sie das Leben lobt und preist,
die Liebe allermeist,
und bete, daß mir in der andern Welt
das Wort im Munde tau
und es sich stärker als der Tod erweist.

Wie sollte ich der Gottheit zürnen!

Wie sollte ich der Gottheit zürnen,
die mich verwundbar schuf, nicht hürnen,
und die nach Laune und nach Lust
die Pfeile lenkt gen meine Brust!

So wie dem Jäger es beliebt,
das Wild, ehvor er's jagt, zu hegen,
gefällt's der Gottheit, den, dem sie
das Leben gibt,
auch zu erlegen.

Golgatha

Der Meereswind der Côte d'Azur
streut Salz in Augen mir und Wunden.
Der Feigenbaum vor meiner Tür,
auch er hat Risse, Schrammen, Schrunden.

Ich lehne mich an seinen Stamm
und fühl den Kreuzesstamm der Zeder,
an dem einst hing das Opferlamm.
Ein jeder Ort ist Golgatha, ein jeder
beut Lanzenstich und Essigschwamm.

Die Dornenkrone

Du darfst den Sternenhimmel tragen
auf deinem Haupt als Dornenkron.
Du mußt ob deiner Last nicht klagen,
trug sie vor dir doch jeder schon!

Du mußt ob deiner Pein nicht stöhnen,
die Dornenkrone ist dein Lohn!
Und auch die Spätern wird sie krönen.
Trag deines Gottes Spott und Hohn!

Die Blindenschrift der Sterne

Der Himmel hat mit Blitzen mich geblendet.
Als Blinder tast ich nach der Schrift der Sterne,
will wissen, welche Botschaft einer sendet.
Ob ich der Sterne Blindenschrift erlerne?

Was aber würde sich mir offenbaren,
könnt ich den Sinn der Sternenschrift erfassen?
Das ewig Unergründliche zu wahren,
wer läßt im frühen Licht die Schrift verblassen?

STERNSCHNUPPEN

Ich taste mit den Fingerkuppen
nach Sternen, ihre Schrift zu lesen,
die an die Nacht geschlagnen Thesen,
doch sie zerstäuben mir zu Schnuppen.

Zeitlebens bin ich blind gewesen,
zu schwach war'n meine Fingerkuppen,
der Sterne Blindenschrift zu lesen.

Nun fällt's vom Auge mir wie Schuppen:
Damit die Seele kann genesen,
muß sich der Leib im Tod verpuppen.

ABNEHMENDER MOND

Des Mondes Schale,
noch halb gefüllt mit Wein.
Wer mag der Zecher
der andern Hälfte sein?

Neigt sich die Schale,
fällt mir ein Tropfen klein
in meinen Becher
voll bittrem Erdenwein.

Wird er ihn süßen?
Wird er noch bittrer sein,
mein erdenbittrer Wein?

Wer läßt mich büßen
für diesen Tropfen fein
mit Tod und Todespein?

Der Toten Flüstern

Ihr zu Staub zerfallner Mund,
mit dem Lorbeerbaum im Bund,
nimmt sich Blatt um Blatt als Zunge.
Atem spendet Windes Lunge.
Raschelt Lorbeer, ist's ihr Flüstern:
Unsern Staub, nach Leben lüstern,
wer formt wieder ihn zum Mund?

Einem toten Kind

Dir sei das Liegen in der Gruft
ein Schlummern sanft im Rosenduft!
Und wirst du aus dem Schlaf erweckt
dereinst zur frohen Wiederkehr,
dann wecke dich kein Engel, der
Posaune bläst, dich nur erschreckt,
es schweb vielmehr ein Falter her,
der dich umgaukelt und dich neckt,
bis du erwachst im Rosenduft
und dir zur Wiege wird die Gruft!

Greis

Sein Mund ein schmaler Strich;
wie zugenäht die Lippen.
Er denkt, bald wird man mich
in eine Grube kippen,

drei Arschin tief – genug,
daß Menschen nicht mehr stören,
mich ohne Lug und Trug
ins Schweigen einzuhören.

NICHT AM ZIEL

Lautlos fällt das Laub der Weiden –
so als fiel's in mir tief innen.
Doch ich ahne, jedes Scheiden
ist ein jubelndes Beginnen.

Denn für jedes Blatt, das fiel,
wächst schon eine Knospe nach,
und auch ich bin nicht am Ziel,
wenn mein Herz, dem Blatt gleich, brach.

Beginn der Ewigkeit

*Ich ahne, die Ewigkeit will beginnen
mit einem Duft von Salz.*

Oskar Loerke

Die Ewigkeit, wie sollte sie beginnen
mit einem Duft von Salz! Ich müßte wähnen,
dies sei das Salz von Tränen!

Wie aber sollten Tränen rinnen,
wo Milch und Honig fließen,
im Garten Eden, wie verhießen!

AUFERSTEHUNG

Aufersteht der Zungen Staub
als das sprachbeseelte Laub?

Blatt an Blatt spricht Wort um Wort,
zeugt die Auferstehung fort.

Steht die Zunge auf als Blatt,
das zum Wort gefunden hat,

bin ich auferstehungsfroh,
meine Zunge ebenso,

sprech der Auferstehung Lob,
die den Staub zum Wort erhob.

INHALT

SUCHE NACH AVALUN
Mit Seneca · 9
Beschenkt · 10
Im Frühlicht · 11
Suche nach Avalun · 12
Am Bodensee · 13
In Antibes · 14
Der Summton der Gestirne · 15
Gegenwehr · 16
September · 17
Fama · 18
In den Wind gesprochen · 19
Im Laubengang · 20
Mit dem Federkiel · 21
Ein gnädig Licht · 22
Amen · 23
Dichters Angst · 24
Blick aus dem Fenster · 25
Eisblumen · 26
Der Stuhl · 27
Drüben · 28
Der Tod als Dichter · 29

DER BAUM IN MIR
Grüne Äpfel · 33
Pan · 34
Beim Biß in einen Apfel · 35
Der Walnußbaum · 36
Beim Öffnen einer Walnuß · 37
Lob dem Ahornblatt! · 38
Welches Reich? · 39
Der Baum in mir · 40
Das Weidenblatt · 41
Eine Linde · 42

Leiser Wandel · 43
Ich sterbe ab im Traum · 44
Die Braut · 45

ZUR BLAUEN STUNDE

Zur blauen Stunde · 49
Auf freiem Feld · 50
Im Bann der Eidechse · 51
Unterm Lattich · 52
Sand · 53
Was bleibt · 54
Altes Schlachtfeld · 55
Königskerzen · 56
Japanische Kalligraphie · 57
Bukolisch · 58
Beim Ruf des Kuckucks · 59
Das Vogelwort · 60
Zugvogelzeit · 61
Schwalben vor dem Abflug · 62
Im Schneefall · 63
Schneefall · 64

CHARONS NACHEN

Fratres · 67
Schwimmen im Ammersee · 68
Unbescheidener Wunsch · 69
Hol über, Charon! · 70
Die Weide · 71
Noch zu schwer · 72
Das Pfauenauge · 73
Die Sonnenuhr · 74
Spät in der Zeit · 75
Die Zeit · 76
Löwenzahn · 77
Lob auf Avalon · 78
Sehnsucht nach Atlantis · 79

STERBENSLUST

Großer Betrug · 83
Im August · 84
Sterbenslust · 85
Zuletzt · 86
In einer Winternacht · 87
Wie sollte ich der Gottheit zürnen! · 88
Golgatha · 89
Die Dornenkrone · 90
Die Blindenschrift der Sterne · 91
Sternschnuppen · 92
Abnehmender Mond · 93
Der Toten Flüstern · 94
Einem toten Kind · 95
Greis · 96
Nicht am Ziel · 97
Beginn der Ewigkeit · 98
Auferstehung · 99